即使孤獨前行，你也要燦爛自己

肆一

用自己的步調，做喜歡的事、過上喜歡的生活

你的存在，始終燦爛

無論身旁有多少人，只要是生活著，就難免會有感到孤獨的時刻吧。

孤獨的感受跟是否一個人無關，而是無論我們再與誰靠近，心裡頭總會有一個角落存在著很難被完全了解的部分，可能是自己所追求的不被認同、可能是自己想要的總是未果，也甚至是，對於這世界有太多的疑惑……追根究柢，沒有誰可完全理解另一個人。

因此，偶爾會有孤獨的失落感湧上心頭，你會很想逃離一切，把自己藏起來不被發現。每個人都會有這樣的瞬間，覺得全世界都站在距離自己以外很遠的地方。

於是在一邊長大、一邊往前走的時候，同時也會感到不安與慌張。

可現在我卻會覺得，那些你以為的不好，其實都是正常的存在；那些此刻讓我們所懼怕的，都只是過程中的一部分，而在經歷過後，最終也會以另一種方式回過頭擁抱自己，讓自己堅固。那些不被理解的部分，或許更像是一種釐清，讓你有機會再回過頭去審視自己，幫助自己再次感受自己，最後才能肯定，對自己而言，什麼是不需要，什麼又是其極珍貴。

雖然人是群居動物，我們都很難真正脫離人群獨自生活，但越是如此，反而越應該去看重自己。並不是說要獨善其身、完全不顧他人，而是要學著不把別人擺到比自己重要的位置。不再把別人的需求放到第一、不再刻意忽略自己的感受，願意去相信自己其實很重要。

我始終這樣想，每個人都必須自己先穩固了，才能

有餘力去照顧與他人的關係，無論是親情、友情或愛情都是。因為當自己也搖搖晃晃時，只要稍有一點點風吹草動，所有一切便會跟著崩塌。經營任何關係都是先從自己開始。

當能夠把自己照顧好，不是依賴外面的事物來讓自己很好時，就不會容易被打擊、不會輕易傷心，即使不被所有人喜歡，也不會損傷到自己的內心。

你的很好，是因為願意擁抱每個好的與不完美的自己。

謝謝閱讀這本書的你，希望這本書能夠在那些感覺無助的時刻陪伴著你。在需要被安慰同理時，只要隨意翻閱這本小小的書，不管是在桌上、床頭邊、移動的交通工具上……都能給你一些力量。

我們很難一直堅強，也很難一直相信希望，但或許可以繼續去期待自己的可能。

即使終究還是會有一些不被理解的時刻，覺得自己是孤獨的，但都不要忘了，原來你擁有讓自己安然渡過的能力。

學著不只是討好他人，而是讓自己開心、燦爛自己，以自己的節奏，而不是模仿別人的步調，試著去做喜歡的事、過上喜歡的生活。

也要一直去相信，你的存在，就是燦爛。也會始終燦爛。

祝好。

CONTENTS / 目錄

想去的地方，
不一定所有人都能懂，
但至少要自己理解。

Chapter 1

夢想

向前奔跑的你，有屬於自己的燦爛

自己想去的地方

在追尋夢想的路上，有時候放棄比堅持簡單得多。

那是因為堅持常常需要勇氣之外，往往還需要承受痛苦。過程當中，難免會有許多的不順遂、現實的考驗，還有許多人對自己的不理解……到了最後，就連自己也會懷疑起自己，而在這樣的消磨當中，難免會有「乾脆放棄算了」的念頭產生。

那些原本在心裡所懷抱著的對未來的想像，於是一點一滴讓渡掉了，甚至在不知不覺中，忘記了最開始出發的目標。

最美好是夢想，最殘酷也是夢想。

也因此，當看到「你願意為了夢想付出多少？」這樣的提問時，心臟彷彿像是被揍了一拳。當那個抱持著夢想，卻曾經想要放棄的自己，看到為夢想不斷努力的人時，除了憧憬外，也會感到一些慚愧。因為他讓你想起了以前的自己。

在許多時候，我們缺的並不是夢想，而是那份堅持的心。承載夢想需要一股傻勁，但更需要的，卻是那個願意堅持下去的自己。堅持，才是通往夢想的捷徑。

所謂的「奇蹟」並不是突然從天而降，其實是靠自己所創造出來的東西。因為不放棄、因為努力著，最終才能成就了些什麼。人們說的「當你真心渴望

某件事物時，全宇宙都會來幫助你」，講的原來是
這樣的意念。

人生不是天方夜譚，夢想也或許不一定終能成功，
但至少可以跟自己說，「若有天當自己放棄了最初
的想望時，是因為已經盡了最大的努力了」，已經
無愧於心了；也或許不一定是因為失敗，而是可能
有新的夢想要去追尋了。而在這天來臨之前，你都
要努力讓夢想開花。

自己想去的地方，不一定所有人都能懂，但至少自
己要理解自己。

在許多時候，
我們缺的並不是夢想，
而是那份堅持的心。

Dear，

每個人都有一段無法回頭的日子。

熬過了哪些？明白了什麼？
都只有自己才懂，
那些其實都是，
為了變成自己所需要經歷的事。

每個人都一樣擁有跌跌撞撞的青春。

努力想要對得起自己，
受了點傷、磨去稜角，
最後終於能以自己喜歡的模樣生活著。

祝 好。

願你飛翔的時候，無論起飛或迫降，
身後都有愛支撐。

Dear ,

我常常覺得，
我們在今日為了明日而努力的那些，
不管是痛苦，
或是以為幾乎要承受不起的傷心，
其實都不是為了
讓明天可以變得無憂無慮。

那些無法知曉的疑惑、
那些看不到盡頭的曲折，
都還是會在。

只是，
那些我們所奮力的一切，
卻能夠讓我們不害怕自己的害怕，
擁有期許自己的可能，
不管那是什麼。

我始終相信，
現在窮盡氣力的那些，
有日會回過頭擁抱我們。

祝 好。

Dear，

你要一直為自己而努力，
不是為別人。

迷點路、流點淚都沒關係，
它們都是成長的養分。

即使別人不了解你的重要，
也請不要覺得受傷，
因為我們無法讓每個人都懂。

你要繼續努力著，
直到夢想扛得起自己的人生。

祝 好。

好像，總是在拚盡全力後，
才知道自己的無能為力。

其實，是怕自己的努力被浪費了。

但你的拼盡全力並不是一無所獲，至少它讓你知道了哪條路不可行。

有些時候，生命是以這樣的方式在告訴你：「嘿，該轉彎了、不要執著了，該去看看其他風景了。」即使你在某件事沒有得到想要的結果，但也並不表示自己再無其他可能。

Dear，

有時候，你會等著時間來給你答案。

或許在有的人眼中看來，
這是一種消極，其實你也知道。

只是，這卻是你奮力過後所得出的方法，
有些事情不是自己不夠努力，
而是只有努力並不夠。

你還是會繼續往前走，
你沒有要停止的打算，
只是學會了不過度勉強自己，
常常順其自然反而比較快，這是你的積極。

你只是走得慢了一點，但終會抵達目的地。

祝 好。

Dear，

其實每個人的「做自己」，
都是修修剪剪後的成果。
所謂的「真實」，某種程度也是一樣，
但它們並不互相違背。

過得好不好，
都只有自己知道，
不用炫耀、也無需誰的羨慕。

無論生命華美或是荒蕪，
只希望我們都能夠學會，
溫柔地擁抱著自己，
讓自己在這個世界裡不至摔碎。

祝 好。

即使世界很吵鬧，
也想活成自己喜歡的樣子。

Dear,

走著走著，
有時候會覺得很孤獨，
心情不是時常有人能夠了解，
寂寞也總是不時冒出來打擾。
可是即使如此，
仍是想要繼續堅持下去。

沒有退路，
只剩下自己跟自己的驕傲。

去一趟未知的旅程、
發現一片沒見過的風景，
把過去都經過，
讓新的開花結果，
不管好的壞的，
都能成為身上的養分。

在心中描繪出自己喜歡的模樣，
然後去期待自己。

也在日子捏出夢想的輪廓，
一點一滴地實踐，
然後，
能繼續對明天有想望。

祝 好。

Dear，

在許多時候你能夠做的，
只是對得起現在的自己。

不猜測以後、不模擬未來，
只是珍惜眼前的事物。

人生沒有什麼事是可以保障的，
經過的人、留不住的回憶，
還有那個曾經哭泣的自己。

對得起現在的自己，
讓他來擁抱自己。

不要老是說著以後，
以後常常沒有以後。

祝 好。

甜蜜或酸澀，日子的滋味，
只有自己知道。

Dear，

其實並不是喜歡說喪氣話，
只是生活有時像是無止境的傷心重播，
打擊著自己。

告訴自己要堅強，
但堅強不會時時存在。

被傷害過，所以才心軟，
可是總是會好的。

就像是晴天的雷響、
午後的一場大雨，
日子不總是好，
但終會有好的一天。

祝 好。

曬一曬潮濕，
放晴的日子就要到了。

Dear,

有時候你做不到一件事，
不是因為它很困難，
而是因為自己的不願意。

你的不願意來自自己的不甘心、不服氣，
所以才會偏執得不肯鬆手，
總以為有更多的可能，
卻忘了所有的可能其實都是同一個結果。

但親愛的，
你的不甘心終究只是傷了自己的心，
你的不服氣最後只是讓自己生氣，
不如就這裡，到此為止吧。

決定一件事、一段關係到此為止，
不是投降，
而是打算在另一個地方重新開始。

祝 好。

轉 / 譯 / 情 / 緒

EMOTION TRANSLATION

負 ----▶ 正

我已經跑得好累好累了，
卻覺得自己依舊在原地踏步。

其實，是被否定怕了。

每個人的辛苦都只有自己才了解。

那是因為人生是自己的，別人無法代替自己去過。生命中總有些堅持，不一定所有人都懂，只要自己明白為什麼努力就好，別人的話語真的沒有那麼重要。即使失敗，也要試著過得理直氣壯。

Dear ，

隨著時間推移，
人生中「一定」要做的事反而益發減少，
更多的是「想做」的事。

越來越有選擇權，而不是被牽制著，
可以有更多的自在。

選擇自己想做的事、想要去的地方，
以及願意不顧一切相信的事。

請找到生命中深信的事物，
然後為它而努力與實踐。
活得像自己。

祝 好。

Dear ,

看起來再堅強的人，
都有脆弱的一面。

常常只是隱藏了起來，
擔心身邊的人為自己煩惱，
所以拚命撐著，
但不代表沒有沮喪的時候。

所謂的「堅強」，
有時候其實不堪一擊。

人不可能始終堅強，
然而希望在你感覺快撐不下去的時候，
身邊可以有個人對你說：「沒關係，有我在。」
陪你度過漫漫黑夜。
因他們的溫柔，才讓自己得以繼續往下走。

祝 好。

世界很大，
會有一處歸屬於你的地方。

Dear ,

用微笑面對日子裡的無常，
不是為了改變什麼，
而是一種選擇。

人生不會總是美好，
可是再不完美，
也只能為自己勇敢。

祝 好。

為自己的日子加點調味，
所有的味道都能是好的滋味。

Dear ,

我想我們都是一樣的。

不敢說人生沒有遺憾，
或是不曾後悔過，
只是至少可以說：「我曾經那麼拚命過。」

人生路上，
對不想懂的人再解釋也是白費，
與其花力氣去不斷費唇舌，
不如各走各的，
不一定要每個人都了解、
不一定每個人都可以是朋友。

往前走的時候也會感到害怕，
但終究也只能想著對得起自己。

不完美的人生裡，
努力為自己負責著，
可能會跌一些跤、受一點疼痛，
可是問心無愧。

為了守護自己心裡的夢想，
花點力氣、費點時間，
終究會讓往後的日子心安理得。

祝好。

Dear ,

原來人的長大不是一次性的，
而是累積出來的成果。
單位是受傷。

有時候你以為自己在往前走，
但感覺卻像是在後退，
「不對啊，長大怎麼會是這樣？」
你怔怔地望著自己的傷疤。

可是其實你是在前進的。
只是成長，
往往用我們當下無法察覺的方式
給予我們而已。

成長是一段蜿蜒緩慢的海岸線。

你會長大，
不是因為受了傷，
而是學會肯定那些傷只是過程，
最終會通往有光的地方。

祝 好。

那些脆弱的傷痕、
共度的時光，
都是我擁抱著的光亮。

Chapter 2

自己

即使孤獨前行，你也要燦爛自己

在傷心的時刻，
更要去相信以後的陽光

有時候，連你都會分不清自己是「堅強」或「逞強」。

可是在大多數的時候，你也只能這樣往前走，一邊懷抱懵懂，一邊長大；堅強著、逞強著去面對人生中會有的許許多多難處。長大不會只有甜美，更多的是苦澀。

當然，你並不是無法堅強，你可以做到，那是長久日常給予你的學習。只是這些堅強，有時卻成了一種苦痛源頭。那些不得不與世界對抗的、與自我拉扯的，都會給予你疼痛，再怎麼堅強，也無法成為完美。

而或許在有些時候，我們需要的並不是堅強，而僅僅是被相信。

遇見一個相信自己的人，讓你可以放下偽裝、不需非要不間斷地長大，而是可以偶爾喘口氣。然後，在他的身旁，你終於可以覺得，即使是脆弱的自己也能夠有力量。或者是，因為有個人擁抱了自己的不完美，讓自己得以正視了自己的不足夠，於是得以不再懼怕。到最後，終於開始願意相信自己。

並不是因為他的相信，你才願意相信自己；而是因為他的相信，讓你長出了勇氣，讓你能夠有力量去為自己遮風擋雨。

你們看到了彼此的脆弱，一邊陪伴著，一邊走著，受了點傷，可是彼此心裡總是互相擁抱著。也可能最終，你們無法陪伴彼此到最後，但卻無損那段時光的珍貴。

人生就是會失去些什麼，可是那些失去，也正巧說明了你的擁有。

有些人，只是來陪伴自己一段路。你曾經遇見那樣的一個人，那些你到過的境地、見過的美好，都是他帶你去的，再沒有人可以取代。那些美好回憶會成為寶藏，即使此刻悲傷，仍能讓你有力量走向未知。

在傷心的時刻，更要去相信以後的陽光。

有些時候，
我們需要的並不是堅強，
而僅僅是被相信。

Dear ,

有時候你不再試著多解釋些什麼，
不是因為對方是對的，
單純只是因為累了。

因為，
對不相信自己的人來說，
說得再多都像是辯解。

所以你不解釋了，
不是因為不需要，
而是因為不值得。

把話留給願意收留的人，
把良善留給願意珍惜的人。

祝 好。

我覺得，
你的存在，就是最棒的事。

Dear,

到頭來，自己在尋找的，
不過只是一個能讓自己感到心安的人而已。

所謂的「心安」，
並不是指，
對方時時告知所有的一舉一動、
刻刻都膩在一起……

而是，
你清楚感受到他把自己擺在心上，
需要的時候，他就會出現，
不管距離多遠，他始終都會在。

你們不一定能永遠了解彼此，
但卻總是願意，
陪伴彼此去看前面的風景。

祝好。

努力？這麼辛苦的事，
我懷疑自己做得到嗎？

其實，還有想完成的夢想。

夢想的本質很辛苦，因為它是超出安全範圍之外的存在。

有時候，不敢隨便將夢想掛在嘴邊，是因為擔心做不到、害怕可能會被嘲笑。但「夢想」與「白日夢」的最大差別是：行動。過程中，會有辛苦的時候，但相信也會有滿足開心的時候。

Dear，

失望得太久，
就會懷疑自己是否能夠擁有幸福；
傷心得太多回，
就會忘記自己可以微笑的權利。

堅強不是立即就可以做到的事，
可是也唯有你自己有這樣的力量。
每個人身上都是帶了點傷，
每個人都是在不確定裡學會站起來。

我們都要為自己堅強，
你只能為自己做到。

祝 好。

Dear，

人們總是說「順其自然」。
勉強的感情不會好，
強摘的果實不會甜，
你都懂。

只是，
若你退一點、我縮一些，
最後就是沒有關係了。

人與人之間需要多一點的用心，
只是順其自然的話，
自然就散了。

友情與愛情都是一樣，
若有一方不珍惜，就淡了。

祝 好。

茫茫人海，
相遇是奇蹟。

Dear ，

常常一個人出現的時候，
自己並不知道，
他將會在自己的生命裡頭，
占有極大的分量。

總是邊走邊哭，
才能領悟一些道理、
看清一些事物，
最後也汰換與留下了一些人。

因為看過黑暗，
才能明白光的存在；
因為傷心過頭，
才終於可以回頭。

人生就是這樣，
朋友是突然降臨在自己身邊的；
但卻要花很多時間，
才能驗證誰是真心的朋友。

祝 好。

Dear ,

常常就是非得要經過一些挫折，
才能夠去發現誰的虛假，
但同時也終於能明白，
誰對自己最真心。

有時候壞事的發生，
其實為了幫助我們看清楚一些人，
不要再為不值得的人付出，
也不要再為不值得的事傷心。

長大很疼，
但對你的人生卻很有幫助。

祝 好。

學會自己整理一地的心碎，
我們都是這樣長大。

Dear ,

所謂的「想念」，
是不是正好表示已經失去了呢？

一段歲月、
一抹光影、
一個人、
一件物品
……一些曾經的自己。

祝 好。

轉 / 譯 / 情 / 緒
EMOTION TRANSLATION

負 ------> 正

我試著去表現自己，
但結果只是讓自己更累……

其實，仍是很想被喜歡。

或許感覺疲累，是因為將自己假裝成另一個人。

「表現」跟「模仿」乍看有點像，但其實很不一樣。勉強扮演不是自己的角色，當然會感到痛苦，但你一定有自己的優點吧，你要做的，只是把它們找出來而已。

Dear ,

後來我才發現，
自己之所以追尋著你，
是因為我覺得我們來自同一個地方。

說著同樣不被人懂的話語，
時常困住自己，
卻努力跟自己和好。

你不是另一個我，
然而在你身上卻隱約可以看見家的感受，
源自你的來處。

祝 好。

Dear，

人生的路上常常是一個人在走，
一路上有風有雨也有大笑。
有時會感謝有人陪伴同行，
但更多的是聚了又散。

慶幸一起度過一段時光的朋友，
即使後來可能在時光的洪流裡走散。

每個人都有自己想去的地方，
不要老想著感動別人，
你要優先感動自己。

只希望最後，
我們都會為自己驕傲。

祝 好。

世界上獨一無二的你，
就是閃閃發亮的存在。

Dear ,

沒有人能夠在一開始
就確認自己的樣子。

在你推翻又否定自己的時候，
其實大多數的人也都是一樣，
有時裝作堅強、什麼都懂，
但心裡默默在害怕著。

那些對未來的期待與失落、
那些日子裡的不確定、
那些對自己的懷疑……

可這些都是一個過程，
幫助我們從裡面去建構出自己，
不只是尋找，
而是最後得以去長成我們的樣子。

不一定喜歡全部的自己也沒關係，
但一定要去接受全部的自己。

傷心的時候、沮喪的時候，
都要覺得自己值得被珍惜。

祝 好。

Dear ,

只是想跟你說，
那些與你有關的回憶，
對我來說都是寶藏。

或許以後我們終會在時間的河流裡走散，
也或許以後我們無可避免終必須遙遙相望，
但這一點卻無論如何都不會改變——

你始終是我不斷變動生命裡頭的不變。

你永遠會占據我心裡的一個角落，
無論日夜更迭、四季替換。

祝 好。

你是我心裡的旋律。

Dear ,

年紀長了一點後，
最該學會的一件事是：
適可而止。

不堅持維繫不開心的關係、
不強求凡事順自己意，
以及，不勉強留著想走的人事物。

量力而為，
承認自己力量有限，
才可以好好珍惜在身邊的人。

自己不是什麼都可以，
而是能夠自己決定可不可以。

祝 好。

轉 / 譯 / 情 / 緒
EMOTION TRANSLATION

負 ------> 正

可以不要再跟我說那些
「好好愛自己」的話嗎?

其實，也很想愛自己吧。

現在想做的事是什麼呢？不妨試著去做看看。

而在去做的過程中也會發現，那些我們想做的事、讓自己開心的事，本質上都是為了愛自己。只是「愛自己」會以許多不同的樣貌出現，當你為了自己去完成一件事時，我想就是愛自己。

Dear ,

所謂「成熟的關係」，其實是一種相安無事。

你試著去理解每個人總有自己的難處，
即便不認同，
也學著去尊重不同的選擇。
因為你清楚明白每個人的人生都是自己的，
最終也只有自己能為自己負責。

但你知道這並不是一種冷漠，
你還是關心著他，
只是學會去注意他的需要，
而不是以自己的想望為依歸。

你學會用包容去對待人，
而不是用尖銳去面對；
你學會去肯定每個人都是獨立的個體，
而不是誰的仿冒品。

祝 好。

不是要放棄人生，
而是鬆綁自己。

Chapter 3

生活

每一天的你，都是燦爛

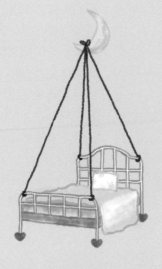

不那麼奮鬥也沒關係

在那些我們以為輕易的背後，其實往往都隱藏著掙扎與苦痛吧。

我們總會習慣把自己擺在常軌上頭，以此為範本，該怎麼樣生活、說怎樣的話，然後傷心的時候都強忍著眼淚。或許讓我們覺得辛苦的，並不是難題本身，而是這樣的常軌。迎合他人的期望，只要不小心脫離軌道，就覺得一定是自己犯了錯，一定是。

在別人責難之前，自己在心裡已經先否定了自己好幾回。

可是，其實常常我們都太用力地活著，過分的努力，而忘了人生最重要的其實是溫柔。

想要被認真看待、被寬容理解，或許人生大多數時候就是這樣，要的只是一份歸屬感。即使難題終究只能靠自己解決，可是有了支撐，才能夠長出力量。

活著從來都不是一件容易的事，我們每個人都背負著別人跟自己的期望在行走著，會喘不過氣、會覺得是否自己不夠努力。可是卻忘了，努力從來都不是成功的保證，而你能做的也只是去努力，然後在那些努力之後，安慰受了傷的自己。

看別人都是容易的吧，只是這些容易的背後，往往藏了不為人知的苦痛過程。每個人都是這樣的吧。

所以,「有些時候,不用奮鬥也沒關係喔」。這並不是要你放棄人生,而是要你適時鬆綁自己。在我們苛責自己的日常中,別忘了還有這個選項。

試著不只是期許,而是更溫柔地對待自己。

我們都太用力地活著，
過分的努力，
而忘了人生最重要的其實是溫柔。

Dear ,

你忘了一個人的日子是怎麼度過的。

你隱約還記得說話都有回音的深夜，
還有窗戶外太陽升起前的一抹亮白，
那是你最常經歷的風景。

你花了很久的時間才找回了自己，
只是你已經不是以前的你了。

你變了，
你並不確定更好？還是更壞？
但卻再也沒有以前害怕了。

你長大了，
而你會開始喜歡這樣的自己。

祝 好。

人生如四季更迭，
你不會只有傷心。

Dear，

日子過得越久，
就越要學會看淡。

長大並不一定會讓人變得比較堅強，
也不一定會變得更加聰明，
人心是肉做的，
會痛會疼也會流血。

只是對於許多事物會看得更淡，
開始不會以為拉扯是一種堅持，
勉強是一種奮鬥。

壞事仍是會發生，
但終於有能力可以選擇讓它離開，
而不是非要它留下，又弄傷自己。

祝 好。

轉 / 譯 / 情 / 緒

EMOTION TRANSLATION

負 ----▶ 正

人生就是不斷在失去……

其實，失去的前提是「擁有」。

我寧願去想，日子總會收獲一些什麼。

只是，擁有過，不表示能留下；而失去的，
也不一定比較珍貴。你能擁有的，就是此
刻；能夠好好珍惜的，也是眼前的事物。

Dear ,

不求沒有遺憾的人生，
但希望可以過沒有後悔的人生。

沒有後悔並非表示不會做錯事、
不會遇到壞事，
而是可以學會對自己所做的每個決定負責，
不管結果是好的或壞的。

因為人生本來就不是用來完美，
而是如何度過。

遺憾是一件事的結果，
而不後悔則是對一件事的心情。
讓事情發生，然後讓它經過。

祝 好。

Dear ,

最大的委屈，
其實是沉默不語。

當心灰到一個極限，
再多的話語都成了多餘，
就只能逼自己接受。

會流眼淚表示還有力氣，
當眼淚都沒有的時候，
就說明一段關係已經走到盡頭。

願我們都不要用後悔，
來學會珍惜。

祝 好。

好好呼吸，
不要憋著氣去愛一個人。

Dear ,

受傷的時候，
我們總是被勸著要原諒別人，
讓日子繼續往下。

然而，其實在很多時候，
我們放不下的並不是對方，而是自己。

因為太在意對方傷害了自己的念頭，
所以才困住了自己。

原諒很難，
但不只是要學著去放下別人，
更是要學會放下那個受傷的自己。

放下對方給自己的傷痛，
才能讓傷口新生。

祝 好。

每個人都有屬於自己的冬天。

Dear ,

長大了一點，
壞事就過得快一點。

還是會生氣，
但再不會氣那麼久了。
也不那麼愛計較了。

合得來的走近一些，
話不投機的就不靠近。
沒有什麼是過不去的，
日子還是要過下去，
日子總還是能夠往下過。

沒有誰應該讓誰開心，
自己讓自己快樂才重要。

祝 好。

轉 / 譯 / 情 / 緒
EMOTION TRANSLATION

負 ------→ 正

如果努力不一定能成功，
放棄會不會比較輕鬆？

其實，心中還是很想再努力看看吧。

放棄只是一種選擇，若覺得會因此很輕鬆，只是誤會一場。

因為，當有日看到自己曾經想望的那些，在別人身上成功了，就會發現：放棄，充滿著懊惱。寧願因拚命過而失敗，也不要因不夠努力而失敗。

Dear ,

常常，
我們花了太多的時間，
去關心與自己沒有關係的人，
花了太少心思陪伴身邊的人。

建立關係需要時間與努力，
但更重要的，
是他想不想跟你建立的心意。

單方面的付出，
再多都只是獨角戲。

若一個人跟自己沒有同樣的感受，
真的不要為難自己了。

祝 好。

Dear ,

總是讓自己受傷的善良。

以為只要自己對人沒有心機，
別人就會待自己真誠；
以為只要對人好，
別人就會同樣回報自己好；
以為只要夠努力，
對方就能看到。

善良是好的，
只是並不是所有人都配得上。
對不值得的人好，
更多的只是傻氣而已。

善良很好，
只是有的人並不好。

為人要善良，
但不是無止境的對人好，
做個有限度的好人，
才是真正的好。

你要繼續善良，
但也要學會保護自己的善良。

祝 好。

Dear,

生命裡頭，
總會遇到有人要你應該要怎麼做，
彷彿人生是用嘴巴說了就算數。
其實往東或往西都好，
重要的是方向應該由你自己決定。

你不是誰的替代品、
也不想當一個模仿者，
你只是你。

痛著哭著笑著都沒關係，
你會更好，但只能當自己。
你也應該只是自己。

祝 好。

在心底角落，
為自己保留一隅明亮之處。

Dear ,

世界並不是只要努力，
就可以得到想要的回報，
有時候很努力，
卻只會得到一場哭泣，
或是一回的決裂。

不是你不夠努力，
只是只有努力並不夠。

生活時常像是毫無預警的強風，
將日子瞬間傾倒，
在有些時候，
你所能做到最多的是耐心，
與在夜裡輕擁自己入睡。

所以，
對自己好一點。
沒關係了，
不要再勉強自己了。

沒關係，
再壞的有日也都會好的。
跟自己這樣說。

祝 好。

Dear ,

學習對於自己做不到的事情，
懷抱著坦然的心情，
大方承認自己的不足夠，
反而是一種負責任。

不想著討好每個人，
或是事事都要完美，
終於可以安然面對自己，
並且珍惜自己可以做到的部分。

善待自己，
沒有人有義務對你好，
而你的好也不需要別人肯定。

祝 好。

我想找個地方躲起來，
就不會被人發現我在掉眼淚。

負 ----▶ 正

其實，還是想要被人理解。

理解自己的辛苦、明白自己的沮喪，知道走來的每一步都好不容易。

可是，有時候我們以為沒人能懂，是因為太習慣堅強，若無其事久了，外人看起來就像真的一樣。眼淚不一定是脆弱，也可以是一扇門，讓情緒出去，讓想懂你的人能夠進來。

Dear，

總會有不被認同的時候，
這跟自己努不努力無關，
時常被喜歡或是討厭
都只是一種偏見。

努力很辛苦，
但要放棄也不容易。

這世界欠了你一個溫柔，
然而你欠了自己一個晚安。

祝 好。

Dear，

有時候會覺得，
「照顧好自己」是一句空話，
你已經很努力了，
要怎麼樣才算得上「照顧好自己」？

其實我也不知道，
日子不只是常常無聲無息，
更多時候是措手不及。

但我卻知道，即使如此，
也不能一直對生活與自己失望，
尤其是自己。

日子不總是好的，
你只能讓自己繼續相信，
然後用點耐心對自己好，
而不是老是對別人好。

祝 好。

照顧好自己的心，
你最需要做的是好好做自己。

Dear,

敷衍久了，
就會開始覺得自己不值得被珍惜，
也會忘了自己的好，
只記得不足夠的地方。

每個人都要學會接受，
自己是怎樣的存在，
即使不完美，卻也都是自己的一部分，
試著先肯定自己。

世界並不需要你完美。

「你已經很努力了，你已經夠好了。」
遠離那些不時提醒著你有多不好的人，
其實就是一種對自己好。

祝 好。

嘿，你很好，
足夠被好好珍惜。

Dear ,

每個人的心中，
都會存在著一個小小的角落，
擺放著不想被知道的祕密。

偶爾想起時，可能會感到暖心，
但也可能會參雜著淚水。
然而不管是好的或是壞的，
都是以前的人留下的禮物。

每個人都會有這樣的回憶，
其實不必勉強急著要把它清除，
有時候它的存在反而會讓自己感到安心，
因為那見證了自己的一段過去。

只要去找到與回憶和平共處的方式就很好，
只要有從裡面學到些什麼就很好。

祝 好。

時間會治癒你，
舊的傷痕會有新的愛覆蓋。

Dear，

常常故事到了結尾時，
都還是問著「還能做些什麼？」

像是一個任性的小孩般執拗。
原來自己從來都沒有跟世界妥協過，
原來始終都以為時間不過是名詞，
毫無意義。

「還可以做些什麼呢？」
「你需要做的，就是什麼都不要再做。」

什麼都不要做，
不拉扯、不勉強，
讓步伐往前，讓自己不要回頭，
讓時間帶你到其他地方。

祝 好。

轉 / 譯 / 情 / 緒
EMOTION TRANSLATION

負 - - - - ▶ 正

我看別人都好簡單，
怎麼在我自己身上就不一樣？

其實，是心疼自己的辛苦。

你一定也有做得好的事吧，也有你不知道的人在羨慕著你的吧。

只不過因為成功比較容易被看到，才會被誤解為很容易。在現實生活中，其實每個人都是咬緊牙根往前走的啊。只要活著，誰不是遍體鱗傷？不慌不忙地活著吧。

Dear ,

活得越久，就會遭遇許多挫折，
也會犯大大小小的錯。

要擺脫過去犯的錯誤很難，
已經發生的不會消失，
而它總會在你遺忘的時候回過頭咬你一口。

可是在這樣慌亂的日子裡，
你唯一能做到且不變的是，
只能繼續往前走。
不讓過去阻擋在前面，
不讓日子荒蕪。

往前走，不是為了擺脫過去，
而是為了不讓曾有過的錯變成你的未來。
它們是你的一部分，但不會是結果。

祝 好。

Dear ,

與其去等一個人改變，
不如先讓自己變得更好。

每個人的人生都是自己的，
而要不要改變，
也都是自己有意願才能夠。
沒有誰可以勉強另一個人。

很多時候，
我們都會花時間去希望一個人改變，
變得更好、變得對自己更好，
到頭來卻發現，
只是浪費自己的時間而已。

把等待一個人改變的時間，
拿來讓自己變得更好，
這樣不管他有沒有變，
自己都會很好。

祝 好。

Dear ,

每個人都有不得不的堅強。

自己有多少的努力，
又是怎麼的付出，
其實別人都不會知道。

願意理解的人，幾句話就懂；
不願意的，一百句話都不足夠。
很多時候沒有那麼多的難不難，
只有願不願意。

每個人都在努力實踐自己的生活，
我不會評判你的生活，
你也不需要來評論我的。

不願意理解沒關係，
不互相打擾才是最好的關心。

祝 好。

活著一定要奮鬥嗎？
我不做點什麼也沒關係吧。

其實，內心還有渴望想完成的事吧。

而活著最重要的是好好呼吸。

不用時時刻刻都要奮鬥，有時奔跑、有時停

歇，人生就是這樣。但在某些時候，總會有

令你想拚命的東西出現，你可以等它出現，

或是自己將它找出來。

Dear,

有時候會覺得，
「絕不放棄的」其實是一種對自己殘忍。

人不是什麼都可以，
總會有做不到的事情，
不是不願意，而是無法。

或許，
在大多數時候你所能做到最多的，
只是去期許自己盡量不要放棄，
然後在撐不下去的時候，
也能試著對自己好。

願你留一份溫柔給自己。

祝 好。

Dear ,

不要覺得現在對自己好的人，
以後也會繼續對自己好。

對一個人好是因為珍惜彼此的緣分，
而不是因為自己什麼都好。
再付出也有底線，
如同再喜歡，也會有不想要的一天。

人跟人之間沒有那麼多應該，
也沒有理所當然。

世界上有許多東西都無法重來，
過去的昨天、沒說的那句再見，
還有要忘了給的那個擁抱，
別等到離開了，才想要珍惜。

祝 好。

珍惜平凡日子裡頭微小的愛，
是它們讓我們得以堅固。

Dear ,

受了傷時，
有的人會大聲喊叫，
那是一種對世界的求救訊號。

可是在更多時候，
傷得最重時，
其實是安安靜靜。

只有眼淚會在不經意的瞬間突然落下，
代替你發聲。

而在有些時候，
你只是想這樣靜靜地療傷，
然後等待不再傷心的一天來臨。

祝 好。

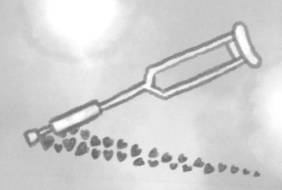

有時生活會讓你受傷，
但最終你都能夠再堅強起來。

Dear ,

試著去過上自己喜歡的生活、
做自己喜歡的自己，
在不長不短的人生裡，
盡情地成為自己想要成為的樣子。

難免會受點傷、多少會嚐到一點苦，
可它們都只是一個歷程，
盡頭會有一盞燈在等著你。

學著把日子過好，
而不只是等待著日子會變好。

祝 好。

轉 / 譯 / 情 / 緒
EMOTION TRANSLATION

負 ------> 正

愛自己有用嗎？在這世界上，
沒有人願意愛我。

其實，很想要被愛著吧。

而愛自己是很有用的一件事。

這樣至少，全世界會有一個人愛著你。為什麼愛自己很重要呢？那是因為，你能從中理解自己，明白什麼對自己而言是重要的，又有哪些會傷害自己。而你，有能力做出選擇。

Dear ,

開心了就笑、傷心了就哭、
不想放棄就堅持，
痛了就學會放手……
做人不需要那麼多的偽裝。

人生困難很多，
就不要自找煩惱了。

每個人到了最後，
能夠讓自己開心的也只有自己，
不要把希望寄託在他人身上。

自己對自己好，
不要變成那個當初自己也討厭的大人，
而是當一個自己也喜歡的自己。

祝 好。

Dear,

在感覺疲倦的時候有溫柔、
在喘不過氣的瞬間有微風、
在想要放棄的日子有太陽，
在掉眼淚的時刻還記得有微笑。

願我們都能學會回應自己，
在不被了解的時候給自己安慰、
在覺得一切總會變壞的時刻，
也能夠肯定自己的好。

日子時常是辛苦，
因此你才更要為自己活著。

學會深深擁抱自己，
因為你是你的。

祝 好。

每一天，
都可以是慶祝自己的好日子。

做讓他開心的事、
做讓他感動的事，
但不要傻到想用感動去換愛。

● ● ● ● Chapter 4

愛情

你和我成為我們，燦爛無異

讓你討厭自己的愛情，
不會是好愛情

「我願意改變性格，去變成你喜歡的樣子。」

喜歡一個人的時候，常常會覺得「只要我夠努力，對方終會被感動」、「只要我一直堅持，對方有日就會看到我的付出」⋯⋯可是這樣的話，大多時候都只是一種催眠，催眠對象不是對方，而是自己。

是自己替自己創造出了一個美夢，以為只要為了對方改變、付出，有天就會成真。但卻沒有發現，在這場夢裡頭，自始至終都只有自己一個。愛情從來都不是多認真多努力，就會有成果。愛情一直都是感性大於理性。

日久會見人心，但日久卻不一定會生情。

會產生感情的，往往是建立在一開始至少就有一點好感上才行。愛情的可貴就在於，你無法勉強一個人去愛另一個人。

然而，在每個人的一生當中，都難免會喜歡上對自己沒有同樣感覺的人，並沒什麼大不了。只是至少，雖然我們無法克制自己會喜歡上誰，但起碼可以為自己做到，當對方不喜歡自己時，學會放手。

愛一個人的時候，會想為他做讓他開心的事、讓他感動的事，但不要傻到想用感動去交換愛。

愛情或許會讓你變得不認識自己，但可以肯定的是，在這些改變之中，仍有好與壞的差別。而會讓

你變得討厭自己的愛情，不會是好愛情。人會長大、也會改變，這是一種必然。然而，去變得更好，並不是要你變得像另一個人。

先成為自己喜歡的樣子，才有辦法去過喜歡的生活，最後也才能有機會遇上喜歡這樣的自己的人。

愛情從來都不是多認真多努力，
就會有成果。

Dear,

有沒有感情，
都不是一個人說了算。

哭得再大聲、
吶喊得再響徹，
不想聽的人就是聽不見。
裝睡的人叫不醒。

不是你不夠愛他，
只是他不如你想的那麼看重你。

若他對你無情，
也請記得對自己狠下心。
不要貪圖他些微的好、
不要眷戀他的美好餘溫。

記得他對你沒那麼有情，
不要只是記住
自己有多麼想要對他好。

不被要的好，
都是不夠好。

不能夠珍惜你的好的人，
不會是對的人。

祝 好。

Dear ,

許多事，
其實自己心裡都有數。

例如，
他對另一個人的在乎，
與對自己的不在意。
不說破，
常常是為了給彼此留一點後路，
不要難堪、也不要難看。

只是，
後來你漸漸也分不清楚了，
到底這樣是對誰好？
或者是，
從來都沒有對誰好，
而是自以為這樣很好。

你在不在他心底，
自己心裡都清楚。

沒有誰非要誰不可，
不想要住下的人就不要哭求。

想著對自己好一點，
所有放不下的，
最後都能放手。

祝 好。

Dear ,

你不想睡，我不說累；
你還在做夢，我不敢醒；
你說晚安，我才天黑。

我活在你的時區。

祝 好。

有時候你的呼喊，
全世界沒有人聽到。

Dear，

也許不擁有你，
才是擁有你的方式。

你問我怎麼捨得？
但其實我只是找不到，
不得不捨去的理由而已。

要多努力、多拚命都沒關係，
但只要對方不要了，
就該停止了。

我相信，
愛一個人可以沒有限度地去深愛。
但也相信若不被愛，
就記得要愛自己。

再喜歡一個人，
也不能夠不要自己，
因為最後會陪著自己的，
只有自己。

祝 好。

Dear,

我不敢在你的社群媒體上留言，
因為害怕你，
唯獨漏掉我沒有回覆。

我知道，
自己對你而言不夠重要，
只是我不想這麼肯定。

還不想。

祝 好。

有些人只是用來經過，
而不是留下。

Dear,

再努力的付出也抵不過冷言冷語。

涼掉的茶、腐壞的花朵，
再濃的想念也有過期的一天。

離不開一個人常常是因為不夠痛，
受不了就會鬆手。

一個人可以一輩子只喜歡一個人，
但時候到了，
也可以決定不再喜歡一個人。

祝 好。

我害怕睡著，因為怕夢見你。
但更怕，你連我夢裡都不來。

Dear，

所謂的「經營愛情」，
其實是「經營自己」。

愛情是兩個人的事，
可前提都是一個自己。
唯有讓自己好了，
才能夠有餘力去讓一段關係變好。

自己若搖搖晃晃，
愛情也堅固不起來。

愛情再如何偉大，
也拯救不了不愛自己的人。

祝 好。

轉 / 譯 / 情 / 緒
EMOTION TRANSLATION

負 - - - - ▶ 正

我時常想⋯⋯
單身，真的是我要的嗎？

其實，心裡偷偷嚮往著愛情。

疑問句正巧回答了，自己想要一段戀愛關係的意願。

愛情不是人生的必需品，人生的必需是讓自己幸福。若一個人很好，好到不會被寂寞打擾，也很好。但若對單身的疑惑與對非單身的一樣多，那麼，至少要兩種都經歷過，才會有解答。

Dear，

他們不知道的是，
在你對他狠下心之前，
已經先對自己狠心了多少次。

妥協了幾回、
讓渡了多少自己，
說好的規則又打破了幾次⋯⋯
可是就是因為這樣經歷過了，
現在才終於可以問心無愧。

不是不愛，而是再愛也只能如此。

愛很重要，
但人生只有愛不夠。
有些時候你只能選擇先愛自己，
盡力了，就夠了。

祝 好。

Dear ,

其實我都知道，
你口中的「我們」，
一直以來都只是「你」，
也都只有「你」。

當你的影子，
跟著你前進、
再跟著你後退。

冷了會發抖、
痛了會縮手，
只是不說而已，
說了怕更難過。

當你說「為我們好」的時候，
講的其實是「為你好」。

你好，我就好。
在不在你的心裡，
其實自己都清楚。

祝 好。

Dear ,

於是你學會了不再討好誰。

這不是一種任性，
而是一種經過時間篩選後的答案。
因為挫折打擊而得以堅定自己的方向，
不再以他人的目光為依歸。

如果說，
追逐別人的喜歡是一個過程，
那麼，
喜歡自己就是最後的結果。

而這樣的喜歡其實是一種肯定，
你認同了自己，
不管好的或不完美的，
你終於可以為自己而活了。

祝 好。

握有心門鑰匙的，
始終是自己。

Dear，

所謂的「道理」，
都是要用時間才能佐證與甘心。

就像是，
把你放在心上的人，
不會無止境地讓你等候。

或許他時常忙碌，
但誰的人生不都是這樣，
都有各自的辛苦與奮力。

而你們最大的差別，
不是誰為誰空出了時間，
而是誰把誰擺在心上。

事實常常傷人，
但卻是清醒的良藥。
苦了點，不過很有效。

醒了就不要再回頭看。

沒在心裡留一個位置給你的人，
真的不要再花費心思在他身上了。

祝 好。

Dear ,

你給不了的承諾，我來道別；
你給不了的以後，我來成全。

不再向你索討些什麼，
你不是給不起，只是不想給。

別把日子過得卑微，
以後我的開心，是我自己的。

今後日子，
你是你、我是我，
我們再也沒有我們。

沒有你的以後，
晴空萬里。

祝 好。

失去他，
就像失去了全世界……

其實，也不是非要誰的喜歡不可。

只要一直生活著，就會再遇見其他人。

每個人的一生裡，都難免會遇到不喜歡自己
的人，時間再拉長一點，真的沒什麼大不
了。如同他不想花費時間在你身上，你也不
用將時間浪費在不在乎自己的人身上。時間
很珍貴，禁不起隨意揮霍。

Dear，

兩人走不下去，
有時不是因為彼此不好。
你退一點、他讓一些，
你們那麼努力，
但愛情除了努力還需要別的。

更多的時候其實是你們太好。
就因為這樣，
所以才不忍心看對方為難、不想勉強。

外人不懂你們為何分開，
但只有你們知道這是替對方著想。

你們分別，不是因為對方不好，
而是因為真心希望對方可以過得很好。

祝 好。

Dear ,

有時候你會想起你跟他，
那些曾經、那些美好，
可是心裡也清楚知道
你們再也回不到過去了。

時間的殘酷不是叫你長大，
而是讓你還記得過去，
卻不得不往前走。

祝 好。

寂寞的時候，
就像是心裡的愛被打翻了。

Dear，

有時候，
我會覺得其實你最終並不屬於我，
有日你總會走的。
可是即使這樣，
仍不會阻擋此刻的我走向你。

愛的勇氣說的不只是現在，
而是知道結果後仍願意奮不顧身。

是你讓我有了勇氣，
即使以後充滿未知，
但至少在此刻仍能有愛的能力。

或許，
兩個人之間最珍貴的便是這樣的認定，
是那一句「我不後悔」。

愛了就用盡全力、
分開了就好好說再見，
不後悔愛過的人，
只希望日子裡不會有遺憾錯過的人。

祝 好。

Dear ,

在遇見你的時候，
我才確切地肯定了一件事，
那些經歷過的千山萬水，
都是為了能夠遇見你。

就像是此刻站在你的面前、
站在愛的面前。

那些過去的慌亂與否定，
最終都會匯集成一條線，
通往你的身邊。
或許，
我們的一生都只是
在等待著一個誰的出現。

他不需要你完美，
而是只要你是你就好。
你只要是你，
就是個美好的存在。

有天，
會有一個這樣的人來到自己的身旁，
在此之前你只要先照顧好自己。

祝 好。

Dear，

一直到走散了，
才終於肯承認我們之間最後剩下的，
只有不能說出口的想念。

有時候，
太過想念的結果就是默不出聲，
因為找不到適合的字句，
所以只能擺在深深的心底。

最遙遠的，
不是你不再愛我了，
而是我自始至終最想要的，
都是和你一起。

祝 好。

願你找到一處地方，
安放你所有的脆弱與不安。

Dear ,

我們都同意了，
今後你是你、我是我。

我們再也不是相關的兩個人了，
不再試圖打探你的消息、
不再覺得你的悲傷與自己有關係，
不再開心時第一個想跟你分享。

你是你、我是我，
答應了就會努力去做到。

我們都同意了，
如果住不進你的心裡，就搬出來。

我們都同意了，
我同意了你的同意。

祝 好。

謝謝所有遇見，
給不了幸福，但給得起祝福。

Dear ,

真心喜歡一件事時，
什麼理由都無法阻止，
就跟喜歡一個人一樣。

真的想見面時，
天涯海角都不是距離；
沒有心的時候，
哪裡都是咫尺天涯。

人生很短，
沒有那麼多可不可以，只有願不願意。

因此，
不要再為心不在自己身上的人，
多傷一點心。
別讓不在乎自己的人，
浪費了自己。

祝 好。

有時候，
美好會在你沒有預期的地方出現。

Dear ,

那些一起經歷過的事情，
別人永遠無法了解。
因為一起哭過、一起笑過，
我們才變成了彼此在乎的人，
而不是陌生人。

人會長大，
生命中會不斷地遇見誰、發生事情，
但無論如何，
那些一起度過的日子，誰都無可替代。

給生命中，一起創造出專屬回憶的人。
你們永遠都珍貴。

祝 好。

負 ----▶ 正

只有我不在你身邊的時候，
你才會珍惜我。

其實，他最珍惜的是自己。

你之於他，或許只和寂寞更有關。

快樂的時候不會想起你、開心的時刻不存在你，而當傷心失意時，卻希望你不離不棄。

有些人愛得自私，那只是因為在你們之間，他愛自己，超出你太多。

Dear，

無論與另一個人多靠近，
每個人的人生終究只能靠自己長大；
不管有誰的陪伴，還是需要對自己負責。

兩個人在一起，要可以互相扶持，
但過分把自己擺在對方身上，
卻只會成為負擔，
有朝一日就成了壓垮彼此關係的稻草。

再愛，也有其限制。

成熟的愛，
是兩個獨立的人一起生活，
而不是因為有了對方，
才生活得下去。

祝 好。

Dear,

分別的時候，
你們沒有說再見。

不是因為不愛了，
而是因為太愛。

只是後來你們都懂了，
最喜歡的人並不一定適合在一起；
最想要相處的，
也不一定處得下去。
所以你們分別。

不說再見，
是因為你們太熟悉了，
你們一度是全世界最靠近的兩個人，
所以離別時連客套都省略了。

不說再見，
不是不想見，
而是知道見了又能如何。

不再見了，
你要開始把說再見的日子，
過得無傷大雅了。

祝 好。

Dear ,

真的離開他之後，
你才終於可以確定了，
沒有什麼事或是什麼人，
是非必要不可的。

大部分的事情都是累積出來的，
再喜歡一個人也抵擋不過時間。

決定往往只是一個瞬間的念頭，
但是在這之前，
卻是無數的情緒所堆疊出來的結果。

在後悔之前先學會珍惜自己，
不必等到誰的肯定才覺得自己好。

祝 好。

Dear ,

你夠好了，
因此不要再習慣性地責備自己，
不要拿別人的辜負來否定自己。

有日，
會有人出現珍惜你原來的樣子，
他不會要你跟別人一樣，
你的好的跟 一些不足夠的，
對他來說都是很好。

祝 好。

Dear，

試著自己好好生活，
不是因為你此刻是一個人，
而是因為你有能力可以做到。

人會不相信自己，往往是因為膽小，
可是其實我們都比自己所想的要勇敢。

你有能力可以讓自己過得好，
如同你配得上幸福一樣。

不管是一個人或兩個人，
你都可以幸福。

祝 好。

世界上有多少人，
就有多少種幸福的模樣。

Dear ,

所謂的「陪伴」，
並不是指誰一直在自己身旁，
而是你知道當自己低潮時，
他不會逃開。

你們不需要一直在左右，
可是不管距離多遠，卻都感覺很靠近。

最難得的不只是相遇，
而是無論日子遭遇什麼，
都沒有離開的打算。

祝 好。

轉 / 譯 / 情 / 緒
EMOTION TRANSLATION

負 - - - - → 正

我已經很努力改變了，
為什麼你還是不愛我？

其實，只是被不甘心給捆綁了。

或許該改變的不是自己，而是：不繼續愛他。

當用盡全身的力氣努力，卻沒有得到對等的回應後，最該做的不是繼續付出，而是停止付出。世界很大，大到你不知道以後還會遇見什麼人。

Dear ,

兩個人在一起，
像是一趟長長的公路旅行，
彷彿沒有終點、
不知道何時會到盡頭，
卻又害怕結束那天的來臨。

在道別的那天來臨之前，
希望我們都不會
因沒有好好珍惜對方而感到遺憾。

祝 好。

國家圖書館出版品預行編目資料

即使孤獨前行，你也要燦爛自己 / 肆一作. -- 初版. --
臺北市：三采文化股份有限公司，2023.06
　面；　公分
ISBN 978-626-358-074-9（平裝）

1.CST: 情緒 2.CST: 自我肯定

176.5　　　　　　　　　　112005038

suncolor
三采文化

Mind Map 256

即使孤獨前行，你也要燦爛自己
用自己的步調，做喜歡的事、過上喜歡的生活

作者｜肆一
編輯四部 總編輯｜王曉雯　主編｜黃迺淳　文字編輯｜亞樹
美術主編｜藍秀婷　封面設計｜魏子琪　版型設計｜藍秀婷　美術編輯｜莊馥如
行銷協理｜張育珊　行銷副理｜周傳雅　行銷企劃主任｜呂秝萱、陳穎姿
內頁編排｜魏子琪　校對｜周貝桂

發行人｜張輝明　總編輯長｜曾雅青　發行所｜三采文化股份有限公司
地址｜台北市內湖區瑞光路 513 巷 33 號 8 樓
傳訊｜TEL:8797-1234　FAX:8797-1688　網址｜www.suncolor.com.tw
郵政劃撥｜帳號：14319060　戶名：三采文化股份有限公司
本版發行｜2023 年 6 月 30 日　定價｜NT$400